ALBERT MÉRAT

L'IDOLE

PARIS

ALPHONSE LEMERRE, ÉDITEUR

PASSAGE CHOISEUL, 47

M.D.CCC.LXIX

L'IDOLE

DU MÊME AUTEUR

LES CHIMÈRES
Poésies couronnées par l'Académie française (2e édition).

En préparation :

POÈMES ET SONNETS

ALBERT MÉRAT ET LÉON VALADE

AVRIL, MAI, JUIN
Sonnets (épuisé.)

L'INTERMEZZO
Poème traduit de Henri Heine.

ALBERT MÉRAT

L'IDOLE

FAC ET SPERA

PARIS
ALPHONSE LEMERRE, ÉDITEUR
PASSAGE CHOISEUL, 47

M.D.CCC.LXIX

Corps feminin, qui tant est tendre,
Polly, souef, si precieulx...,

FRANÇOIS VILLON.

PROLOGUE

Le vieux maître excellent de l'école lombarde
N'a certes pas créé ses tableaux d'un seul jet,
Tant leur style absolu témoigne du projet
De ne confier rien à la main qui hasarde.

La Joconde n'est point parfaite par mégarde :
Il achevait les yeux, la bouche, puis songeait,
Chaque ligne en son tour logique s'allongeait.
Et l'ensemble palpite & vit & vous regarde.

A l'exemple du peintre infigne, je voudrais
Saifir tous les accents & rendre tous les traits
De la Femme, en laiffant chacun une œuvre entière

Et, rattachant le tout d'un plaflique lien,
Compofer dans la forme, honneur de la matière,
Une grande figure au front olympien.

LE SONNET DES YEUX

Le foleil des beaux yeux ne brûle que l'été.
Plus tard il s'affaiblit; plus tôt, il faut attendre :
C'eſt un rayon d'avril, pâle encor & trop tendre,
N'échauffant que la grâce au lieu de la beauté.

Au folſtice de l'âge un inſtant arrêté,
C'eſt un feu qui ferait revivre un cœur en cendre
Une flamme dorant, avant que de deſcendre,
L'épanouiſſement de la maturité.

Pourtant, un jour plus doux tremble dans l'aube blanche;
On dirait que du fein de l'ombre qui l'épanche,
Myftérieux, il garde encore de la nuit.

Le ciel profond n'a pas dépouillé tous fes voiles ;
Parmi l'azur il femble oublier des étoiles,
Et dans les yeux de vierge une aube monte & luit.

LE SONNET DE LA BOUCHE

O lèvres, fleurs de fang qu'épanouit le rire,
Frais calice du fouffle & rofe du baifer,
Où, malgré moi, revient mon rêve fe pofer,
Si douces que les mots ne peuvent pas le dire

Lèvres, coupes d'amour après qui l'on afpire,
Défireux de l'ivreffe & craignant d'y puifer ;
Le buveur délicat a peur de vous brifer,
Et lentement avec extafe vous attire.

Je veux tarir ma foif à vos calices clairs ;
A votre humide bord irradié d'éclairs
Je boirai comme on boit à l'eau d'une fontaine.

Verfez-moi la careffe, irritante douceur,
O lèvres! fouvenir, efpérance lointaine,
Dont je veux mordre encor la fragile épaiffeur !

LE SONNET DES DENTS

Dᴇʀʀɪᴇ̀ʀᴇ l'épaiſſeur & le pur incarnat
Des lèvres, qu'en paſſant fait palpiter l'haleine,
On entrevoit les dents découvertes à peine,
Comme une aube à travers de frais rideaux grenat.

Ce n'eſt rien qu'un rayon, un filet délicat
Dans la bouche pourprée étincelante & ſaine ;
La parole les montre en blancheur incertaine ;
Le rire, plus ouvert, en révèle l'éclat.

Sous la fuavité des lèvres amoureufes,
Attirantes auffi, vous luifez dangereufes.
Voluptueufement vous nous bleffez un jour,

Blanches dents fans pitié, petites dents aiguës,
Qui déchirez le rêve, & faites que l'amour
Boit les baifers ainfi que d'amères ciguës!

LE SONNET DU NEZ

Ouvert à la fraîcheur des roſes embaumées,
Le nez, ſuite du front claſſiquement étroit,
Se deſſine un peu grand, irréprochable & droit,
Dans la convention plaſtique des camées.

La plus belle parmi les mortes bien-aimées,
Cléopâtre, la reine à qui mon rêve croit,
Avait ce nez petit dont, mieux qu'un charme froid,
La grâce fit qu'Antoine oublia ſes armées!

J'aime encore le nez des Juives, pâle & fin,

Dont la narine rofe anime le confin

De la joue, & palpite & s'enfle fenfuelle.

La colère le pliffe & le dédain le tord,

Et l'on voit, frémiffant tout entier dans fon aile,

Le grand amour fans peur, fans mefure & fans tort.

LE SONNET DU FRONT

Aɪɴsɪ que la lueur d'une lampe d'opale
Veillant dans une alcôve ou devant un autel,
Ainſi, rayon d'amour ou foupir immortel,
Le feu de la penſée éclaire le front pâle.

Ta lucide beauté ne connaît point le hâle,
Ni les molles langueurs des rofes de paſtel:
Et l'impeccable orgueil de tes lignes eſt tel
Qu'il faurait démentir les tortures du râle.

A la fois tranſparence & reflet précieux,

Tu ſembles répéter la lumière des yeux

Dans ta blancheur d'hoſtie & ta rigueur de pierre.

Ton étroiteſſe eſt comme un abri délicat

(Car l'âme ne luit pas toute ſous la paupière)

Qui concentre & dérobe à peine ſon éclat.

LE SONNET DES CHEVEUX

Le flot de ſes cheveux a baiſé le ſoleil :
Il en eſt demeuré rouge comme une aurore.
Il brille ſur la tête auguſte & la décore
Comme un ruiſſeau coulant dans un pays vermeil.

Les profonds cheveux bruns embaument le ſommeil;
Les cheveux blonds ſont doux; un miel exquis les dore;
Mais les roux ſont plus beaux & plus puiſſants encore,
Et leur rayonnement aux flammes eſt pareil.

Ondes au cours puiffant où mon défir s'abreuve,

Ruiffelez & roulez éparfes comme un fleuve,

Et faites à la chair un linceul endormant.

Je veux fur le lit blanc des tièdes encolures,

Comme un noyé, comme un lafcif, éperdument

Plonger mes mains dans l'or vivant des chevelures.

LE SONNET DE L'OREILLE

Elles feraient la nacre au bord des coquillages
Si les nacres avaient ces humaines blancheurs ;
Elles feraient le rofe & le fatin des fleurs,
Si les rofes vivaient aux barreaux des treillages.

Il femble qu'une fée, en de lointains pillages,
Ait pris leur éclat frais à toutes les fraîcheurs ;
Leur coloris eft fait de toutes les couleurs,
Et la lumière y trace, exquife, des fillages.

C'eſt la volute & c'eſt la conque; c'eſt la chair

Devenue arabeſque avec ſon ourlet clair

Où préſide une loi d'harmonie ancienne;

Et vous avez, malgré la date du ſculpteur,

Des airs de curieuſe & de Pariſienne

Qui ſait des mots & qui provoque le conteur.

LE SONNET DU COU

Un grain d'ambre fondant & roulant dans du lait
Ou la goutte de miel d'une abeille importune,
Un éclair de foleil dans un rayon de lune,
Un peu d'or fous la peau pris comme en un filet,

Voilà les tons fubtils du cou, fi l'on voulait
L'avouer, que l'on foit blonde, châtaine ou brune.
Mais le contrafte fait la neige fur chacune
Des épaules plus blanche, & le charme eft complet.

Droit, il porte au repos, comme une fleur insigne,
La tête, puis se penche onduleux ; & le cygne,
S'il avait cette grâce, aurait ce cou charmant ;

Puis se renverse avec la bouche qui se pâme,
Et trahit, sous l'effort d'un léger battement,
Dans sa réalité le doux souffle de l'âme.

LE SONNET DES SEINS

L'ÉCLOSION superbe & jeune de fes feins
  Pour enchaîner mes yeux fleurit fur fa poitrine.
Tels deux aftres jumeaux dans la clarté marine
Palpitent dévolus aux fuprêmes deffeins.

Vous contenez l'efprit loin des rêves malfains,
Nobles rondeurs, effroi de la pudeur chagrine !
Et c'eft d'un trait pieux que mon doigt vous burine,
Lumineufes parmi la pourpre des couffins.

Blanches férénités de l'océan des formes,

Quelquefois je vous veux, fous les mufcles énormes,

Géantes & crevant le moule de mes mains.

Plus frêles, mefurant l'étreinte de ma lèvre,

Vers la fucceffion des muets lendemains,

Conduifez lentement mon extafe sans fièvre.

LE SONNET DES BRAS

O la plus douce & la meilleure des careſſes !
Autour du cou deux bras enlacés ſimplement.
Premier mot du déſir, premier rêve d'amant,
Et premier abandon de toutes les maîtreſſes !

Puis vaincus & jetés parmi le flot des treſſes
Comme le fer tenace arraché de l'aimant;
A l'ombre des rideaux le long apaiſement
Des ſuprèmes langueurs & des molles pareſſes.

Et quand, l'âme & les fens raffafiés, l'efprit
Clairvoyant vous regarde, il voit & vous décrit
Relevés & pareils aux anfes d'une amphore

Du poignet nu fans vain bracelet de métal,
Et du coude où le blanc a des rougeurs d'aurore,
A l'épaule, au parfum plus doux que le fantal.

LE SONNET DES MAINS

Blanches, ayant la chair délicate des fleurs,
On ne peut pas savoir que les mains font cruelles.
Pourtant l'âme se sèche & se flétrit par elles;
Elles touchent nos yeux pour en tirer des pleurs.

Le lait pur & la nacre ont formé leurs couleurs;
Un peu de rose fait qu'elles semblent plus belles.
Les veines, réseau fin de bleuâtres dentelles,
En viennent affleurer les plastiques pâleurs.

Si frêles ! qui pourrait redouter leurs careſſes ?
Les mains, filets d'amour que tendent les maîtreſſes,
Prennent notre penſée & prennent notre cœur.

Leur claire beauté ment & leurs chaînes ſont ſûres ;
Et ma fierté ſubit, ainſi qu'un mal vainqueur,
Les mains, les douces mains qui nous font des bleſſures.

LE SONNET DU VENTRE

Appuyé fur les reins & fur les contours blancs
    Des cuiffes, au-deffous des merveilles du bufte,
Le ventre épanouit fa tenfion robufte
Et joint par une courbe exacte les deux flancs.

Les tiffus de la peau font à peine tremblants
Du fouffle qui defcend de la poitrine augufte;
Et leur nubilité fur les hanches s'ajufte
Et s'y fond en accords fuperbes & faillants.

Un enveloppement de careffe ou de vague
En termine la grâce & deffine un pli vague
Des deux côtés, fur la folidité des chairs.

Au milieu, fur le fond de blancheur précieufe,
Le nombril, conque rofe & corolle aux plis clairs,
Entr'ouvre fon regard de fleur filencieufe.

LE SONNET DE LA JAMBE

Comme pâlit la joue au baiſer de l'amant,
Une inviſible lèvre a touché la peau roſe
Aux chevilles ; le ſang glorieux les arroſe
Sans que leur neige en ſoit moins blanche ſeulement.

Voici qu'un peu plus haut le divin gonflement
De la chair ſemble un marbre où la fève eſt encloſe.
Le genou ſouple règle à ſon gré chaque poſe
Et conduit l'action du pas ferme & charmant.

C'eſt la vigueur & c'eſt l'élan des chaſſereſſes;
Ou, dans le geſte propre aux plaſtiques pareſſes,
La détente du grand repos oriental.

Et l'on ſonge à Diane, au front ceint de lumière,
Parmi ſes nymphes, près des ſources de criſtal,
La plus ſvelte, la plus ſuperbe & la première.

LE SONNET DU PIED

Je veux, humiliant mon front & mes genoux,
  Prosterné devant toi comme on est quand on prie,
Sous le ciel de tes yeux qui font ma rêverie,
Baiser pieusement tes pieds petits & doux.

J'étancherai, gardant tout mon désir pour vous,
La grande soif d'aimer qui n'est jamais tarie,
O petits pieds, trésor dont la beauté marie
La rose triomphale & claire au lys jaloux.

Vous avez des friſſons ſubtils comme les ailes;
Non moins immaculés que les mains & plus frêles,
A peine vous poſez ſur notre ſol impur.

Peureux, lorſque ma lèvre amoureuſe vous touche,
Je crois ſentir trembler, au ſouffle de ma bouche,
Des oiſeaux retenus captifs loin de l'azur.

LE SONNET DE LA NUQUE

Comme un dernier remous fur une blanche plage
Que les flots refoulés ne peuvent pas faifir,
Sur la nuque que mord le fouffle du défir,
Un friffon de cheveux trace fon clair fillage.

Friffon d'écume d'or, fi vivante que l'âge
Se connaît à la voir, & qui femble choifir
Les cols dont la beauté modelée à loifir
A les perfections antiques d'un moulage.

En extafe penché, j'aurai pour horizon
L'oreille à qui l'amour porte mon oraifon,
L'oreille, bijou fait en rofe de coquille;

Et ma bouche ofera baifer l'éclat vermeil
Des minces cheveux fous brodés par le foleil,
Dont la confufion étincelante brille.

LE SONNET DES ÉPAULES

La courbe n'eut jamais d'inflexions plus douces,
Excepté quand elle est le sein pur & charmant.
Elles laissent tomber leurs ondes mollement
Dans la succession des lignes sans secousses.

Une ombre d'or que font des duvets & des mousses!
A l'aisselle en finit l'épanouissement;
Et les songes légers qui viennent en aimant
Sur elles vont dormir au bord des tresses rousses.

Opulentes, fans rien qui fente la maigreur,
Elles ont, n'étant pas fujettes à l'erreur,
L'impeccabilité de marbre des déeffes.

Nul'voifinage exquis n'eft pour elles gênant!
Elles n'ont pas befoin de faire des promeffes,
Car elles font un tout fuprême & rayonnant.

AVANT-DERNIER SONNET

LES Grecs, pour honorer une de leurs Vénus,
Inscrivaient *Callipyge* au socle de la pierre.
Ils aimaient, par amour de la grande matière,
La vérité des corps harmonieux & nus.

Je ne crois pas aux sots fauſſement ingénus
A qui l'éclat du beau fait baiſſer la paupière ;
Je veux voir & nommer la forme tout entière
Qui n'a point de détails honteux ou mal venus.

C'est pourquoi je vous loue, ô blancheurs, ô merveilles,
A ces autres beautés égales & pareilles
Que l'art même, héfitant, tremble de compofer ;

Superbes dans le cadre indigne de la chambre,
L'amoureufe nature a, d'un divin baifer,
Sur votre neige auffi mis deux foffettes d'ambre.

DERNIER SONNET

Après les yeux, après la bouche, après l'éclat
Des cheveux, poursuivant la grâce du poëme,
Je ne rencontrais pas une beauté suprême
Qu'une autre, sans pouvoir lui nuire, n'égalât.

Mais ce siècle est menteur bien plus que délicat;
Sa pudeur a poussé les feintes à l'extrême.
Voici qu'il a flétri ce dernier sujet, même
Avant qu'un simple trait de plume le marquât.

Donc mon œuvre fera par moi-même meurtrie :
Au lieu du nu superbe, un pli de draperie
Dérobera la fuite adorable des flancs.

Encore il fe peut bien qu'un vil regard indique
Ce voile, malgré foi moulant les contours blancs,
Comme une invention de Vénus impudique.

ÉPILOGUE

Mon esprit, secouant ses ailes de corbeau,
A voulu fuir le poids de l'ombre coutumière,
Et son vol a monté vers la splendeur première
Pour étreindre & fixer le poëme du beau.

Si je n'ai pas tenu sûrement le flambeau,
C'est que j'aurai tremblé, vaincu par la lumière;
Si tu n'as point surgi, déesse, tout entière,
C'est qu'au moule parfois l'œuvre laisse un lambeau.

Pourtant j'aurais voulu te dreſſer toute nue,
Blanche création de la force inconnue,
Dans le rayonnement de ta réalité;

Et j'aurais ſimplement montré du doigt la forme
Dépaſſant, par le ſeul effet de la beauté,
Les efforts monſtrueux de la matière énorme.

TABLE

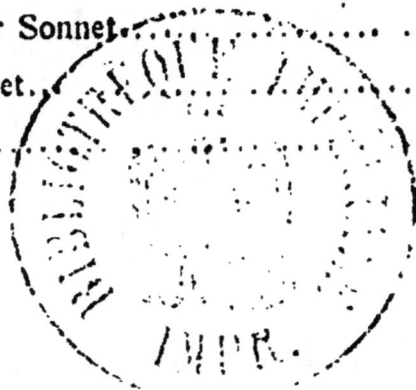

Achevé d'imprimer

LE VINGT AVRIL MIL HUIT CENT SOIXANTE-NEUF

Par L. TOINON & Cᵉ
à Saint-Germain

POUR ALPHONSE LEMERRE, LIBRAIRE
à Paris

PRINCIPALES PUBLICATIONS

d'Alphonse Lemerre, 47, passage Choiseul.

POËTES CONTEMPORAINS

AICARD. — ALAUX. — DE BANVILLE. — BERTRAND. — BOYER. — CAZALIS. — DE CHABRE. — COPPÉE. — DIERX. E. GRENIER. — Louise D'ISOLE. — JOLIET. — JACQUEMIN. Georges LAFENESTRE. — Laurent PICHAT. — MARC. — MÉRAT. — NELLY-LIEUTIER. — DE RICARD. — RUFFIN. Louisa SIEFERT. — SULLY-PRUDHOMME. — THÉURIET. — VERLAINE.

25 volumes in-18.

Chaque volume...................... 3 fr.

SOUS PRESSE :

Hésiode. — Anacréon. — Théocrite. — Bíón. — Moskhos. — Tyrtée. — Hymnes orphiques. — Traduction nouvelle, par LECONTE DE LISLE. 1 volume in-8°. 7 fr. 5o

Imprimerie L. TOINON et C°, à Saint-Germain.

www.ingramcontent.com/pod-product-compliance
Lightning Source LLC
LaVergne TN
LVHW022201080426
835511LV00008B/1509